PRINCE HENRY DE VALORI

HENRI V

ET

LES PRINCES D'ORLÉANS

LE PACTE. — LE DROIT.
LES BOURBONS.
LES ORLÉANS.
LA RÉCONCILIATION.
M. THIERS. — CONCLUSION.

NIMES

LOUIS GIRAUD, LIBRAIRE-ÉDITEUR

1871

Tous droits réservés.

HENRI V

ET

LES PRINCES D'ORLÉANS

PRINCE HENRY DE VALORI

HENRI V

ET

LES PRINCES D'ORLÉANS

LE PACTE. — LE DROIT.
LES BOURBONS.
LES ORLÉANS.
LA RÉCONCILIATION.
M. THIERS. — CONCLUSION.

NIMES

LOUIS GIRAUD, LIBRAIRE-ÉDITEUR

1871

Tous droits réservés.

Nimes, Lajard et Vve Atlenoux.

HENRI V

ET

LES PRINCES D'ORLÉANS

A S. A. R. LE DUC D'AUMALE

Monseigneur,

Il y a environ dix-huit mois, un homme qui n'avait pas la crainte de Dieu, mais celle de la poudre et de votre cravache, insultait à votre auguste famille, à la maison royale de France. Je pris la plume, et passant en revue les actes de la politique impériale (1), je disais que nos petits-neveux

(1) La politique impériale. *Lettre au prince Napoléon.* — Dentu, 1870.

ne pourraient croire qu'après la guerre de Crimée, entreprise pour diminuer la puissance de la Russie, cette puissance ait pu, en dix ans, atteindre, à l'Orient, les possessions anglaises de l'Inde ; à l'Occident, supprimer la Pologne ; et enfin, dans le Nouveau-Monde, conclure avec les Etats-Unis et la Prusse une triple alliance qui est le plus grand danger qu'ait couru le monde depuis l'invasion des barbares ;

Que, renversant les traditions de la politique française, les principes élémentaires du bon sens politique, ne tenant compte ni des enseignements du passé ni des tentatives avortées, on ait applaudi à l'Unité italienne, à la création d'un État de vingt-cinq millions d'habitants à nos portes ;

Qu'on ait entrepris l'expédition du Mexique sans reconnaître auparavant les confédérés du Sud ; mais surtout qu'on ait rappelé nos troupes sur un geste des Etats-Unis ;

Que, livrant la race latine à la maison de Savoie, on ait permis à Prim d'offrir l'Espagne au duc de Gênes ;

Qu'enfin, le roi Guillaume ait pu, en huit jours, supprimer la Confédération germanique, chasser l'Autriche de l'Italie et de l'Allemagne, doubler ses Etats héréditaires, sans que la France se fût réservée une carte dans cette sanglante partie où M. de Bismark avait pris tous les atouts.

Je terminais par ces paroles : « La théorie napoléonienne fait rêver ; sa pratique donne le vertige. Prenez garde, les soldats, les casernes et les alignements n'ont jamais retardé l'heure de la Providence ! »

Un député de la majorité, très haut placé alors, m'écrivit pour me demander si je descendais de Jérémie. Je n'en descends pas malheureusement ; mais l'heure de la Providence n'en sonna pas moins, et la lâcheté a eu beau s'habiller en général et la turpitude se déguiser en altesse, il a fallu s'en aller.

Surprise au milieu d'un succès inespéré, la dynastie des Bonaparte s'est précipitée, elle-même, dans un abîme de sang et d'opprobre, entraînant avec elle la France, son esclave.

Cette merveilleuse fortune militaire, débutant à Arcole et à Rivoli, en passant par Marengo et Austerlitz pour aboutir à Sedan ; cette première nation du monde, conquise, souillée, mutilée en six mois ; cette armée française, toujours victorieuse, même au milieu de l'incurie et de l'ineptie de ses capitaines ; cette armée qui, sans savoir comment, avait pris Sébastopol, et s'était emparée, les yeux fermés, de Pékin et de Mexico ; cette armée, dis-je, battue et décimée sans trève ni merci : tout cela n'est pas dans l'ordre naturel des événements. Il y a ici quelque chose de providentiel : un immense châtiment et la plus solennelle des leçons.

Cette leçon, je me propose de l'étudier avec votre Altesse royale. J'ai le dessein de rechercher les causes de cette longue chaîne de calamités qui se déroule pour nous avec les quatre-vingts dernières années de notre histoire. La cause, une fois déterminée, nous aurons à découvrir le remède à un mal presque séculaire qui mine la constitution de la France.

Je m'adresse à un des princes les plus braves et

les plus éclairés de l'univers : quand on parle à un cœur et à une intelligence, on est presque toujours certain d'être écouté ; mais si, contre son gré, dans l'étude politique qui va suivre, le publiciste laissait échapper quelque parole de blâme sur les événements, il ne voudrait pas être accusé d'avoir parlé un langage qui ne serait pas celui du respect et de la conciliation.

I

LE PACTE

Trois peuples ont joué le rôle principal dans l'histoire de l'humanité : les Juifs, les Romains, les Français. D'autres ont eu leur part plus ou moins grande à l'œuvre de la civilisation, au progrès des sociétés ; nul d'entre eux, n'a laissé à travers les siècles une trace aussi profonde, aussi lumineuse.

Dans l'ordre providentiel, ils ont été tous les trois LES PEUPLES DE DIEU, les peuples privilégiés. Privilège par la prophétie de la parole et des événements, privilége par la sainteté de la mission, privilége par la grandeur des œuvres : aucune gloire ne leur a été refusée.

Le plus coupable des trois, le peuple juif, n'ayant pas voulu croire aux prophéties, est devenu lui-même une prophétie vivante. Livré à la dérision de l'histoire, il promène à travers les générations le spectacle d'un corps mutilé, dont les membres épars aspirent éternellement à une reconstitution impossible.

La Rome païenne n'est plus : il y a seize siècles que son éternité a fini. Une simple croix sur les ruines des temples et des colysées indique le pourquoi de la défaite.

L'heure est propice, au sein même de nos immenses malheurs, à la veille peut-être de nouvelles catastrophes, pour parler de la France, de ce troisième peuple auquel l'héritage du Christ et de la civilisation de Rome a été confié. Pour songer au lendemain, il n'y a qu'à se souvenir d'hier, et surtout penser à aujourd'hui ; il n'y a qu'à se demander comment le peuple le plus noble, le plus puissant, le plus illustre de l'univers est devenu la proie de l'étranger, la proie des démagogues ; et pourquoi, fait unique, effrayant, sans exemple dans les annales des autres nations, il s'est vu à la veille de périr, entre les lignes de circonvallation prussiennes et les barricades des émeutiers.

Quel est le fils de cette noble France qui ne sentirait pas son cœur bondir dans sa poitrine, si, en passant à côté de lui, les étrangers disaient : « C'est un Français ! » sur le même ton que nous disions, nous : « C'est un juif ! c'est un soldat romain ! »

J'en ai la ferme confiance, l'avenir est encore à nous : si nous le voulons, nous pouvons sauver la France, nous pouvons éviter une pareille dégénérescence ; mais le temps presse, le danger est formidable, il est sans précédents parmi nous.

Regardons courageusement en arrière; examinons si nous ne nous sommes pas égarés, afin de retrouver immédiatement le droit chemin.

— « Jésus-Christ, que Clotilde affirme être le fils du Dieu vivant, toi qui, dit-on, donne du secours à ceux qui sont en danger et accorde la victoire à ceux qui espèrent en ton nom, je te demande avec dévotion ton glorieux secours. Si tu me donnes de vaincre ces ennemis, je croirai en toi et je me ferai baptiser ; car j'ai invoqué mes dieux, mais, comme j'en ai la preuve, ils m'ont refusé leur appui ! »

Clovis, pour faire un pacte avec la victoire et l'immortalité, planta un crucifix dans la terre de France ; il en fit la boussole des quatorze siècles de notre grandeur militaire.

Voilà le pacte, Monseigneur, voilà l'héritage de Jérusalem et de Rome légué à vos aïeux ; voilà le point de départ de cette monarchie chrétienne qui naquit du Christ, de la victoire, de la liberté ; non pas de cette liberté qui, sortie des fanges de l'erreur et de la révolution, se convertit en licence et en destruction, mais de cette liberté descendue du ciel avec la morale de l'Evangile.

La foi, la liberté, l'autorité : voilà les éléments constitutifs de la société française ; voilà, avec l'hérédité ordonnée par le peuple Franc, les termes du contrat consenti par nos ancêtres. C'est en le respectant que, rois et peuple, nous avons fait la France. C'est de temps à autre, en nous rappelant notre mission, comme il le faisait au peuple juif, que Dieu nous a donné des marques significatives de sa protection.

Ce pacte de foi et de succès a provoqué le sourire des adorateurs du fait accompli enivrés des triomphes de la famille Bonaparte et de la famille Gambetta, fiers, à juste titre, de la série des victoires décrétées par ceux qui ne croient ni à Dieu, ni à l'âme, ni à la religion ; ils ont demandé, avec une douce ironie, si la croix a empêché nos défaites de Crécy, de Poitiers et d'Azincourt. La croix ne garantit pas plus le succès dans les affaires de ce monde qu'elle n'empêche de mourir. Si pourtant il pouvait y avoir un doute dans l'esprit de ceux qui croient en un Dieu rédempteur des sociétés comme des individus, ils n'ont qu'à récapituler nos désastres depuis cinq mois ; il y en a autant que pendant les quatorze siècles de la monarchie. Assurément s'ils ont été des instruments de honte et de désolation, les dictateurs de Bordeaux ne peuvent en accuser le Christ, qu'ils ignorent.

Nous qui le recherchons, nous le retrouvons à toutes les grandeurs de la patrie à toutes les périodes de sa puissance militaire et intellectuelle. Il disparaît avec nos malheurs, nos défaites, nos révolutions.

Nous confessons, nous étudions, nous n'enseignons pas : libres donc soient les athées et les incrédules dans leur appréciation des faits qu'ils ne peuvent nier.

J'ai parlé de pacte, de contrat passés entre la royauté et le peuple. Rien de plus facile à établir. Le roi veillera sur la foi et la liberté ; quand le peuple les méconnaîtra, il saura lui rappeler ses engagements. Réciproquement, lorsque la royauté s'écartera du droit supérieur qui constitue sa légitimité, le peuple invoquera la loi, l'arche-sainte de la France.

De ces mutuelles obligations sortiront les grandes entreprises du moyen-âge.

L'œuvre chrétienne de la monarchie des Francs s'affirme dans les champs de Poitiers. Sans Charles le Martel, la France n'eût jamais existé et l'Europe eût été musulmane.

L'ère des Croisades arriva ; la France y acquit une telle célébrité, que les Orientaux ne désignèrent plus les Occidentaux que par le nom de Francs. Les princes de France sont toujours à la tête de ces expéditions, depuis Hugues de Vermandois jusqu'à cet infortuné Charles VI, qui, dans un moment de lucidité, approuvait avec enthousiasme la dernière et douloureuse croisade de Nicopolis.

Il est inutile d'évoquer ici, Monseigneur, la mémoire bénie de S. Louis ; il y a intérêt à rapporter les paroles que prononça Philippe-Auguste à Bouvines — c'est toujours la langue de Clovis :

« Tout notre espoir, dit-il, toute notre confiance sont placés en Dieu. Quoique pécheurs, nous sommes réunis à Dieu. Nous devons donc nous attendre à la miséricorde du Seigneur, qui, malgré nos péchés, nous accordera la victoire sur ses ennemis et les nôtres.

A ces paroles, l'armée française demanda au roi sa bénédiction, et lui, ayant élevé la main, pria pour elle.

Ceci est beau, ceci est admirable ; et comme dans les Saintes Ecritures tout commentaire ne peut qu'affaiblir l'éloquence du texte et la puissance des images ; il y a quelque chose de plus auguste, de plus merveilleux encore dans notre histoire. Aucune gloire ne peut égaler celle de Pépin et de Charlemagne fondant, pour la liberté de la Papauté, de l'Eglise et des âmes, le royaume temporel des successeurs de Pierre.

Les destinées de la Papauté et de la France seront désormais unies indissolublement.- A l'éclat de la couronne de France, il faudra les splendeurs de la tiare. Les ombres du Vatican projetteront des ténèbres sur les Tuileries.

J'écris l'histoire, Monseigneur, et je ne me donnerai pas le ridicule d'un langage d'illuminé ; mais trouvez-moi une seule page de nos annales où la prospérité de la France coïncide avec les malheurs du Saint-Siége, et je consens à désavouer ma thèse.

L'unité allemande et l'unité italienne accomplies simultanément au préjudice de la France et de la Papauté ; la captivité de Pie IX et la spoliation complète de son patrimoine consommées le jour même où la France était égorgée dans sa capitale ; les phases malheureuses du règne des Bonapartes et des démagogues, s'accordant, jour par jour, avec les attentats dirigés contre Rome : cet ensemble de faits est trop frappant, trop instrutif, trop éloquent, pour que j'aie besoin de m'étendre plus longuement sur ce sujet.

Henri IV crut, un jour, qu'il pourrait violer la loi catholique du royaume et se séparer de l'Eglise romaine. La France ne voulut pas d'un roi protestant ; Henri se fit instruire de la vérité religieuse, et, le 25 juillet 1593, s'étant mis à genoux dans la basilique de Saint-Denys, la main étendue sur les saints Evangiles, il dit, lui aussi, à son tour : « Je jure, comme mes aïeux, devant la face du Tout-Puissant, de vivre et mourir pour la religion catholique, apostolique et romaine ; de la défendre et la protéger envers tous, au péril de mon sang et de ma vie. »

A travers cette longue période qui, de Clovis,

s'étend à Louis XVI, on retrouve, siècle par siècle,
la preuve de la triple alliance que j'ai indiquée
entre le Christ, la royauté et le peuple.

Ce pacte fut un jour brisé par la Révolution.
Une société corrompue enfanta Voltaire et les
philosophes ; la haine de Dieu créa la haine du
roi et du peuple : roi et peuple périrent sur l'échafaud , et avec eux la vieille liberté française, qui
disait — au despote , comme au protestant —
Jamais !

Gardienne vigilante du pacte national ; cette
liberté, fille du ciel, n'a pu être engloutie dans le
naufrage de nos révolutions ; c'est elle qui doit
bientôt sauver la France.

II

LE DROIT

— « La légitimité, dit Royer-Collard, est l'idée la plus profonde à la fois et la plus féconde qui soit entrée dans les sociétés modernes ; elle rend sensible à tous, dans une image révérée, le droit, ce noble apanage de l'espèce humaine, ce droit sans lequel il n'y a rien sur la terre. La légitimité nous appartient plus qu'à aucune autre nation, parce que aucune race royale ne la possède aussi pure et aussi pleine que la nôtre. »

— « Il faut, dit M. Guizot, que l'hérédité et la

légitimité soient partout pour que la société soit stable et le pouvoir régulier : l'hérédité des trônes n'a d'autre but que de mettre le droit sur le trône, afin qu'il soit partout.

» On ne fait pas plus un roi légitime qu'un peuple libre.

» L'idée et le sentiment du droit, qui, dans l'un et l'autre cas, sont le vrai principe de l'institution et en procurent seuls l'énergie, n'y pénètrent pas en un seul jour. Toutes choses à leur origine sont plus ou moins l'œuvre de la force, et la force les dénature alors même qu'elle les crée. Le germe du droit se souille et s'altère sous la main des passions et des dérèglements de la force. Il faut que le temps s'en saisisse, le dégage, le féconde, et fasse enfin sortir le droit, brillant et pur, de cet alliage grossier où l'avaient enveloppé l'erreur et la violence.

» Lors donc que l'on a sous sa main une légitimité véritable, que le temps a faite, qui, pour avoir été suspendue, n'est cependant pas détruite, qui a été et est propre à redevenir l'institution dont je viens de parler, il y aurait certes un étrange aveuglement à ne pas l'accueillir, à ne pas tenter les plus grands efforts pour profiter de tous ses avantages, à s'imposer enfin la tâche de recommencer ce qui existe, de recréer soi-même, avec mille périls, et seulement pour l'avenir, ce qu'on peut conserver et accommoder au présent.

» Ainsi fermement persuadé que la légitimité des trônes est une institution excellente, et que, pour être cette institution, la légitimité doit être ancienne, car autrement elle n'est pas, je me demande par quel malheur la révolution serait condamnée à méconnaître ou à repousser un tel bien ? »

— « La liberté en France n'a pas de garantie plus certaine, plus sacrée, plus inviolable que le trône des Bourbons, a dit M. Pasquier. La légitimité, c'est l'ordre naturel ; aussi elle n'admet de formes que celles qui sont réelles ; elle les respecte quand elle les a admises. »

— « Il y a quelque chose de plus respectable que le nombre, que le génie, que la gloire : c'est le droit (1).

(1) Thiers.

Oui la légitimité est immortelle ; et c'est pour cela, Monseigneur, que la maison de France a régné pendant des siècles ; qu'elle a traversé, victorieuse, des crises formidables ; qu'elle a été restaurée six fois, et que bientôt, la France et l'Europe en ont la ferme assurance, une fusion entre les deux branches de votre famille assurera, avec une septième restauration, l'avenir du pays, la sécurité de tous les peuples.

Pour élever la barrière qui sépare deux partis, pour creuser davantage le fossé qui les sépare, on parle, dans un certain monde politique, d'une restauration comme d'une chose impossible. Un événement pareil ne se renouvelle pas deux fois, disent-ils. Ils ont raison, cela s'est vu déjà six fois.

Les révolutions ne sont pas nouvelles dans le monde, et les discordes de famille encore moins.

Dès le règne de S. Louis, les grands du royaume, en pleine révolte, veulent renverser le gouvernement de Blanche de Castille et placer la couronne sur la tête du sire de Couci. Cette noblesse, dont la mission devait être de défendre le trône, tournait contre l'enfant royal ses armes et sa valeur. L'Anglais , qui espérait profiter de ces luttes intestines, fut vaincu par un roi de quinze ans. La destinée du Saint présida à la fortune de ses fils ; il légua à ses successeurs la protection divine qu'il s'était attirée par ses vertus.

Plus tard, on voit Etienne Marcel s'associer avec un prince du sang royal qui ambitionnait le trône, soulever la population parisienne contre son roi légitime, au nom de la démagogie, âme éternelle des factions. Il régna un instant par l'arbitraire, et la terreur disparut au milieu des imprécations du peuple qu'il avait séduit et trompé.

En 1436, tout semble perdu : une femme inspirée de Dieu chasse l'étranger, prend par la main le rejeton des lys, le replace sur le trône et disparaît, emportant la couronne du martyre.

— « Ce royaume doit-il tomber ? Cette contrée glorieuse, la plus belle que le soleil éclaire dans sa course, pourrait-elle porter des chaînes ?... Eh quoi ! nous n'aurions plus de roi à nous ! de souverain né sur notre sol ! Le roi qui ne meurt jamais disparaîtrait de notre pays (1) ! »

A cette époque, les lois étaient sans pouvoir ; tous les ordres, divisés entre eux, ne reconnaissaient plus de gouvernement légitime. La force seule avait droit de se faire entendre au milieu de la confusion et de l'anarchie. On ne reconnaissait plus la patrie.

Cependant, après de longues erreurs, les Français se raniment, sortent de leur avilissement, s'indignent de la honte de leurs fers ; toutes les parties de la monarchie se rapprochent par degrés, s'unissent plus fortement que jamais par la seule action du ressort national. Le rétablissement de Charles VII sur le trône de ses pères fut l'ouvrage de la nation. Dans cette secousse si violente, la royauté se reproduisit pour ainsi dire de sa propre substance, semblable à ces corps robustes qui se dégagent eux-mêmes des humeurs vicieuses et reprennent toute la vigueur de leur constitution essentielle.

A la mort d'Henri III, la ligue organise et

____

(1) Schiller. *Jeanne d'Arc.*

sanctifie la révolte. Rien n'est épargné par les Ligueurs pour éterniser leur usurpation : réunions secrètes, pacte d'union, guerre civile, assassinats, barricades, appel à l'étranger, déchéance perpé-tuelle des Bourbons.

L'orage se dissipe, Henri IV rentre à Paris, vainqueur et pacificateur de son royaume.

La Fronde n'est pas plus heureuse que la Ligue avec son cortége de conspirateurs : princes, gentils-hommes, bourgeois, assassinant et disant des bons mots, faisant des émeutes et des sonnets, une guerre de mousquetaires et d'alguazils. Révolution mesquine, sans cause, sans moyens, sans dignité, sans effet. Préface ridicule au plus grand règne de l'histoire, à cette épopée sans rivale, où la France, victorieuse sur terre et sur mer dans cinquante combats, abaissait les Pyrénées pour laisser passer le fils de ses rois, s'agrandissait des Flandres, de Strasbourg et de l'Alsace, donnait le jour à Bossuet et à Fénelon, à Racine et à Corneille, à Boileau et à Molière, à Condé et à Turenne, à Duquesne et à Tourville ; créait ses ports, ses routes, ses fortifications, bâtissait Versailles et le

Louvre; et malgré les revers inhérents à toutes les grandeurs de ce monde, arrêtait l'étranger à Denain, le battait de par ses capitaines et l'héroïsme de son roi, et clôturait par la victoire cet âge éblouissant qui fait pâlir ceux de Périclès, d'Auguste et de Léon X.

La révolution de 1793, la plus effroyable des révolutions de l'Europe, affirme encore davantage l'impuissance des novateurs. La royauté succombe. Qui donc a pu empêcher dans leur œuvre ces régénérateurs par le crime et par le sang ? Au lieu d'élever à leur république un piédestal solide, quand ils ont bien tué et bien assassiné, quand ils ont *purgé* les prisons, les châteaux et les séminaires, que font-ils ? Ils s'envoient, à tour de rôle, payer leurs forfaits au bourreau ; puis ils acccceptent un nouveau maître, un despote, au lieu de leur père qu'ils ont envoyé à l'échafaud.

Il n'y a plus alors, en France, que des veuves et des orphelins ; le commerce et l'industrie sont ruinés, le pays est dépeuplé, toutes les libertés françaises sont confisquées ; beaucoup de gloire, mais une politique de démence et d'aventure. Telle est, Monseigneur, cette première orgie napoléonienne que la victoire n'a pu absoudre, parce qu'il ne suffit pas de se promener de Cadix à Moscou, du Thabor à Anvers, en jonchant le monde de cadavres pour créer un empire. L'homme n'est grand à l'image de Dieu que lorsqu'il se fait créateur, c'est à dire avec peu il fait quelque chose; et lorsque des cent vingt départements de 1812 on ne laisse qu'une colonne de bronze, un pays dépeuplé, ruiné et privé des frontières que l'on a trouvées, on est assurément un grand capitaine, un heureux soldat; mais l'histoire ne vous sacrera ni un grand roi, ni un grand politique.

Il y eut encore une de ces honteuses révolutions de prétoire que Tacite a flétrie. Le premier Bonaparte crut sauver sa dynastie en réveillant le Jacobisme.

Le spectre rouge n'a protégé ni l'oncle ni le neveu.

Après le règne de la terreur, de l'arbitraire, des tempêtes, la nef de S. Louis et de Robert le Fort rentra, pour la sixième fois, dans le port.

« Le peuple français appelle librement au trône de France Louis-Stanislas-Xavier de France, frère du dernier roi, et après lui les autres membres de la maison de Bourbon, *dans l'ordre ancien* (1). »

Je m'arrête en 1815 ; mais il faut que ces grandes leçons nous soient utiles. Mieux éclairés sur nos droits, sur nos devoirs par les fautes de nos aïeux, nous devons rendre hommage à leur mémoire en profitant de leurs exemples !

» C'est dans le passé, a dit Benjamin Constant, qu'il faut étudier l'avenir et y puiser des leçons de sagesse. »

Pourquoi ces renversements terribles suivis de restaurations bienfaisantes ? Que voyez-vous toujours surnager au dessus des abîmes révolutionnaires ? Une seule chose : les Bourbons et la monarchie légitime. Dieu a mis la destinée de notre pays entre leurs mains, et il n'appartiendra à personne d'abroger cet arrêt divin.

(1) Sénatus-consulte du 6 avril 1814.

Le peuple français d'ailleurs n'a jamais commencé une révolution de son propre mouvement.

Personne n'ignore que Louis le Débonnaire, Charles le Chauve, Charles le Gros et Charles le Simple ont été déposés par les grands du royaume et non par le peuple. On sait que ce n'est pas le peuple qui voulait élever Couci à la place de S. Louis ; on sait que c'est un prince de sang royal qui voulut usurper le trône de Jean le Bon pendant sa captivité en Angleterre ; on sait que c'est un duc de Bourgogne qui rappela les Anglais en France ; on sait que les Guise voulurent dépouiller Henri III et Henri IV du diadème pour en ceindre leurs têtes ; on n'ignore pas que ce fut Mademoiselle de Montpensier qui fit tirer le canon de la Bastille sur les troupes royales.

Et c'est à Paris que toutes ces révolutions ont été fomentées et soutenues par des assemblées sans mandat.

« Paris, dit un ancien historien, renferme nombre de mécontents, d'ambitieux, de fainéants en flair d'un meilleur avenir, prompts à se roidir contre l'autorité et bouleverseurs de liberté , hommes méchants, pervers et parjures. »

« Les temps qui avaient vu la ruine de la légitimité, dit M. Guizot, ont vu sa résurrection ; les hommes qui l'avaient renversée l'ont rétablie. ; les pouvoirs qu'elle condamnait s'en sont emparés.; elle donne à la vie sociale, dans le passé et dans l'avenir, cette étendue, cette perpétuité, qui sont un des profonds besoins de notre époque. »

Et cette perpétuité est d'autant plus nécessaire que les époques où se fonde une nouvelle dynastie sont toujours des temps de violence et d'agitation ; car ce n'est que par la lutte des intérêts opposés ou des ambitions rivales, que le plus fort ou le plus habile finit par obtenir l'obéissance ; et ce n'est que du moment où cette obéissance devient unanime et volontaire que sa puissance est affermie.

Cette nécessité, réclamée par un sentiment universel, a fait naître le principe de la succession au pouvoir. Ce principe est de convention humaine ; car il pourrait ne pas exister. La conviction de son utilité l'a fait adopter. Il a pris le nom de *légitimité*.

C'est donc au profit et pour l'avantage des peuples et non pour celui des princes qu'il a été établi. Il gagne en puissance à mesure que sa personnification dans une même famille devient ancienne; car les hommes aiment en toute chose la consécration du temps. La prière est plus intime dans un temple que les siècles ont noirci que sous les voûtes claires et resplendissantes d'une construction moderne. Les nombreuses générations qui toutes sont venues prier à la même place, y prononcer les mêmes paroles, y prendre les mêmes engagements, y verser les mêmes larmes, s'y réjouir des mêmes espérances, viennent ajouter l'autorité de l'exemple à celle du précepte.

C'est ainsi que le temps transforme l'acte de raison qui a fondé la légitimité dans un sentiment d'attachement, de reconnaissance et de respect.

III

LES BOURBONS

La maison de Bourbon descend de Robert le Fort, descendant lui-même, par dix degrés parfaitement établis, de Clodion, roi mérovingien. Aucun doute possible à ce sujet : la charte de 799, découverte par M. de Vilevieille, le démontre clairement.

Ainsi donc, le principe de l'hérédité, au lieu d'avoir été faussé par son élévation à la couronne, aurait été, au contraire, rétabli par Hugues Capet.

Les vicissitudes politiques de la France prouvent combien les mœurs monarchiques sont profondément enracinées en France, puisque, pendant neuf siècles , la couronne a été héréditaire « par une coutume établie, dit Jérôme Bignon, laquelle est plus forte que la loi même, cette coutume ayant été gravée non dans le marbre ou sur le cuivre, mais dans le cœur des Français. »

Les idées de royauté en France ont tant de puissance que, dans un espace de quatorze siècles, cette nation ne présente que trois races de rois.

Le type de la monarchie, dans le monde chrétien , c'est la France ; aussi , quand le principe monarchique est violé en France, tous les trônes chancellent, l'équilibre européen est détruit, les royaumes secondaires disparaissent les uns après les autres, l'empire est au plus habile , le droit est foulé aux pieds par la force brutale, la main de justice est remplacée par l'épée d'un centurion, la majesté royale semble ternie dans le monde entier. De même , lorsque la monarchie se relève en France, les rois de l'Europe se raffermissent et les couronnes reprennent leur éclat. Quand

Louis XIV mourut, on s'écria, en Allemagne :
LE ROI EST MORT !

Pauvre France ! où sont donc tes lis d'antan?

« Quand il n'y aurait en France, dit Chateau-
briand, que cette maison de France dont la majesté
étonne, encore pourrions-nous, en fait de gloire,
en remontrer à toutes les nations et porter un défi
à l'histoire. »

Il s'est rencontré, Monseigneur, une famille
royale aussi ancienne que la terre des Gaules,
aussi vieille que les forêts de la Germanie. Elle
s'est incarnée dans la France, et la France, pour
payer sa dette, s'est incarnée dans Jeanne d'Arc.
Dans ses mains, l'épée de César est devenue la
francisque de Tolbiac, et le labarum de Constantin
l'oriflamme de S. Denys. Toute gloire intellectuelle politique, sociale et chrétienne a procédé
d'elle pendant quatorze cents ans. Elle a donné
l'essor à la civilisation, aux libertés, aux fran-
chises ; et la loyauté a pris son nom. Elle a triplé
de ses fleurs de lis la couronne de Pierre, et
Pierre l'a appelée sa fille aînée. Elle a créé le

domaine des papes comme elle a créé le domaine des Francs. Elle a chassé les Sarrasins de l'Occident et évangélisé l'Allemagne. Ceux de cette maison ont combattu, la croix sur l'épaule, à Ptolémaïs et à la Massoure ; ils ont rendu la justice sous un chêne et ils sont morts sur la cendre. Ils furent à Bouvines et à Marignan, comme à Crécy et à Poitiers ; et l'histoire ne peut se décider à choisir entre leurs victoires signalées ou leurs défaites triomphantes. Trente-deux princes de leur sang, depuis S. Louis, ont été tués sur le champ de bataille!.... six par siècle. Ils ont fait la religion, les lois, les mœurs, les arts de la patrie. De l'Atlas à l'Escaut, des bords du Jourdain aux rives du Saint-Laurent, de Pondichéry à Constantinople, nos frontières, nos colonies et nos missions racontent son nom. Elle a commencé par Tolbiac et fini par Alger. Rassasiée de toutes les gloires, ayant eu des Charlemagne, des Philippe-Auguste, des S. Louis, des François Iᵉʳ, des Henri IV et des Louis XIV, il lui manquait un martyr, et Louis XVI monta sur l'échafaud, les mains liées derrière le dos. Cette prodigieuse famille est la vôtre, Monseigneur ; elle s'appelle LA MAISON DE FRANCE : à Constantine, à la Smala, à Saint-Jean d'Ulloa, à Patay, au Mans, les rameaux n'ont pas démérité du tronc séculaire.

Eh bien ! nos rois, notre peuple, nos alliés, nos finances, nos frontières : dites-moi, hommes des trois républiques et des deux empires, qu'en avez-vous fait ? Vous avez eu carte blanche ; tout ce que la terreur, la puissance militaire et l'or peuvent avoir d'ascendant sur les multitudes, vous l'avez eu entre vos mains.

Les rois ? — Vous les avez tués avec leurs femmes, leurs sœurs, leurs enfants. Vous avez mis une lanterne au cœur de Condé et un poignard dans celui du duc de Berry !

Le peuple ? — Vous l'avez noyé et mitraillé en masse. Vous avez attaché des jeunes filles et des jeunes gens tout nus, et vous les avez jetés à la Loire ; puis, quand, aux Brotteaux, les vieillards et les enfants à la mamelle dépassaient la fosse du supplice, vous les y faisiez rentrer à coups de sabre. Vous avez tué un million d'hommes par le poignard et un million de soldats par des guerres insensées.

Nos alliés ? — Vous avez armé contre nous une Europe épouvantée, à la fois, de nos doctrines subversives et de nos convoitises. Vous avez foulé aux pieds les peuples et les rois ; le blason royal, pas plus que l'écusson des vieilles nationalités, n'a trouvé grâce à vos yeux. Vous avez voulu tout renverser, tout niveler, même la tiare, signe de votre grandeur, et la croix, symbole de vos libertés. Vous avez emprisonné, insulté le Vicaire de Jésus-Christ ; plus tard, vous l'avez livré à la façon de Judas. Vous avez semé la haine ; vous l'avez récoltée. La maison de Prusse au Nord, la maison de Savoie au Sud, la Russie à l'Orient, les Etats-Unis dans l'autre hémisphère : voilà les exécuteurs des hautes-œuvres de la Providence !

Nos finances ? — Vous nous avez coûté CINQUANTE-CINQ MILLIARDS !

Nos frontières ? — Tout a disparu : Trafalgar et Aboukir, Leipzig et Waterloo, Queretaro et Sedan ; la capitulation de Paris et les désastres du Mans et de Pontarlier, voilà le bilan de vos gloires !

Pauvre France ! qu'as-tu fait du soleil de Louis XIV ?

Venez donc, vous tous, hommes de 93 et de 1812, hommes des barricades de juin ou du bas-empire de 1852, démagogues de septembre et de mars, dictateurs qui décrétiez la victoire et l'immortalité de l'anarchie ; venez tous, proscripteurs et proscrits, bourreaux et victimes ; jetez vos titres dans la balance — la France saura bien les peser !

IV

LES ORLÉANS

Votre Altesse Royale a dit un jour : « que si un grand crime avait été commis, il avait été expié ! » Il n'y a rien à ajouter à la noblesse de cette confession. C'est avec le cœur que je veux parler de votre famille. Quand les laquais et les gagistes du roi votre père oubliaient le pain et la livrée du maître pour de nouvelles curées, quand ils élevaient la voix pour vous fermer les portes de la France, elles s'ouvraient toutes grandes devant le fuyard du 2 septembre. J'éviterai donc l'ornière suivie par la tactique des rancunes, la plus maladroite de toutes.

L'erreur de votre famille, Monseigneur, a été de croire qu'un grand pays comme la France pouvait recommencer ses destinées sous une forme nouvelle, sans être menacé de périr à tout jamais. Il n'y a pas d'exemple dans l'histoire du monde d'une reconstitution sociale des états qui ont oublié leurs traditions. La Grèce, l'Assyrie, Rome, Venise, Florence, Gênes, la Pologne en sont la preuve. La révolution de 1688 en Angleterre a séduit le roi Louis-Philippe, comme elle séduisit plus tard Louis-Napoléon. Et pourtant, il n'y a pas la moindre analogie entre la constitution des deux pays ; je désirerais, pour mon pays, l'économie politique de l'Angleterre ; je voudrais la fusion des princes et des principes, deux chambres ne combattant que pour le bonheur de la France ; et puis très haut, tout en haut, à l'abri des passions populaires, l'arche sainte de la royauté régnant, mais ne gouvernant pas.

Nous sommes loin du but, à peine l'apercevons-nous sur une route que nous n'avons pas encore choisie. Quoi qu'il en soit, le roi Louis-Philippe, en substituant le titre de roi dès Français à celui de roi de France, indiquait le sens de la révolution

qu'il avait épousée ; on reculait au lieu d'avancer,
et en voulant perfectionner la charte et la liberté,
on revenait à Clovis et aux chefs francs. Il n'y
a pas un Français qui ne sache parfaitement
qu'un souverain, quel que soit son titre, ne
pourrait disposer de la France comme d'un patrimoine qui serait à lui. Tout le monde sait aujour-
d'hui que la France appartient aux Français,
comme l'Angleterre aux Anglais, comme l'Allemagne aux Allemands.

Pourquoi avoir substitué le titre de roi des Français
à celui de roi de France ? Que voulait dire, après
tant de siècles, ce retour à une époque sauvage.
Ainsi, par une singulière contradiction, on
prenait le titre tel qu'il existait au moment d'une
conquête contre laquelle on voulait protester au
nom de la Révolution.

Et pourtant on ne reprit de la Gaule que le coq.
Cette nouvelle bannière, symbole de la vigilance,
n'a pas empêché les conseillers de votre père de se
tromper. Ils ne furent que les plagiaires de 1789 ;
il y eût à cette première époque une révolution
sociale. Le principe de l'égalité fut proclamé ; les

habitants de la France devinrent des Français au même titre. Pour donner une sanction nouvelle à ce principe d'égalité, on a voulu dire, pour ce nouveau titre, que le roi était d'une manière égale le roi de tous les Français.

N'y avait-il pas plutôt, dans le nouveau titre, un principe d'inféodation individuelle ? Car ce titre signifiait que chaque Français était individuellement placé envers le roi dans de certaines conditions d'obéissance et de devoir, qu'il existait un rapport indirect et déterminé entre chaque Français et le roi.

Quand j'entendais prononcer ce titre de roi des Français, il me semblait entendre le bruit des épées qui retentissent sur des boucliers ; je croyais revoir une foule armée et sauvage qui proclamait un chef pour être conduite à conquérir et à butiner les richesses d'une vieille civilisation.

Ainsi, dans le premier acte de son imitation anglaise, le roi Louis-Philippe se trompait. Les autres actes sont encore moins semblables au drame anglais. L'Eglise anglicane s'était ralliée au nouveau trône , parce qu'il y avait similitude d'origine et conformité de doctrine religieuse. L'église catholique en France , au contraire, n'a jamais été et ne pourrra jamais être favorable aux principes qui ont fait 1830. Louis-Philippe n'a point eu son appui ; élevé sur les épaules des industriels, il n'a pas eu davantage l'assentiment de l'ancienne aristocratie.

Et pourtant, Monseigneur , ce fut une noble famille que la vôtre ; partout où il y avait de la gloire à conquérir, on rencontrait le duc d'Orléans, le duc de Nemours, le duc d'Aumale, le prince de Joinville. Malgré des fautes qui provenaient d'une origine contestée, il y avait de l'ordre, de la liberté sous le règne du roi votre père. C'était le temps des grands combats oratoires pour la liberté de la foi, pour la liberté des prêtres, pour la liberté de l'enseignement. La politique de juillet ne fut pas toujours celle de Louis XIV ; mais vous n'avez pas laissé entamer le territoire, et vous avez achevé la conquête de l'Algérie ! Les événements de 1848 vous ont trouvé soumis à la volonté du pays. Vous pouviez opposer la force à la force et engendrer la guerre civile : vous ne l'avez pas voulu. Si la conduite de Charles X fut généreuse à Rambouillet, celle du gouverneur de l'Algérie en 1848 fut admirable !

Le moment approche où j'aurai à examiner l'attitude des princes d'Orléans à l'égard du chef de la maison des Bourbons ; sans rien préjuger sur la question, il est certain que leur conduite comme Français fut irréprochable. Ils n'ont jamais conspiré ; à moins que l'on veuille appeler conspirations vos promenades, Monseigneur, sur la frontière, aux fins de proposer au prince Napoléon une chose, si agréable pour lui : *une occasion de se battre !*

Il y a un secret aux malheurs de la France, aux malheurs de votre famille : ce secret avait transpiré en 1848 ; les vingt années de calamités qui ont pesé sur la France l'ont divulgué à tout jamais.

Ce secret : c'est LA VIOLATION du droit, l'oubli des principes.

Je ne veux pas parler ici de ce qu'on appelle *le droit divin* ; en matière politique, c'est un contre sens, presque une impiété. Le droit divin, c'est la création : Dieu se reposa le septième jour, après l'avoir exercé pendant les six premiers ; il en continue l'exercice jusqu'à la consommation des siècles.

En politique, parlons du droit humain. Sur ce terrain, nous pourrons discuter sans *jurer en vain* le nom du Seigneur, sans l'associer avec une profane insolence aux combinaisons de notre orgueil.

J'appellerai ce droit dont la violation a causé tous nos malheurs depuis bientôt cent ans, le droit social de l'hérédité royale. Il y a des choses, Monseigneur, placées en dehors des discussions humaines, bien qu'elles régissent les sociétés. Ce droit est un mystère comme celui de la vie, comme celui de la liberté morale de l'homme. Cette liberté que nous réclamons comme notre plus bel apanage, qu'est-elle cependant ? Malgré l'orgueil qu'elle nous donne, elle n'est que la puissance de l'erreur ; sa grandeur provient de sa fragilité.

Le mystère du droit social n'est pas moins profond que celui de la liberté ; il est d'une autre nature.

La souveraineté dans l'ordre de l'hérédité est une loi de nécessité ; et, remarquez-le bien, elle s'applique aux monarchies comme aux républiques.

L'homme, comme être collectif, est placé sous une loi de nécessité continuelle. Si tout est liberté pour lui comme individu, tout est soumission pour lui comme être collectif. Il n'a le choix ni du sol qu'il habite, ni du peuple dont il fait partie, ni de la religion qu'il professe, ni des lois sous l'empire desquelles il est destiné à vivre. Tous les actes de sa vie sont soumis à des formalités qu'il n'a pas consenties, et dont il ne saurait cependant s'affranchir. L'ensemble de toutes ces nécessités sous l'empire desquelles l'homme se trouve placé constitue le principe de la souveraineté ; en l'appliquant à la vie des peuples, on a l'hérédité, principe qui domine les hommes et les sociétés, loi du monde moral qui n'appartient à personne, puisqu'elle est au dessus de tous les hommes. Telle est la loi qui a été méconnue, telle est la transgression aux principes constitutifs de la société française qui a engendré près d'un siècle de calamités pour la France.

Voilà le mal, Monseigneur ; le remède est sur toutes les lèvres. Une situation fausse a été créée par les événements et par des erreurs politiques à votre famille. Il vous appartient d'avoir le courage d'en sortir et de tirer la France du chaos où elle est plongée.

V

LA RÉCONCILIATION

Je ne sais pas dans la langue nationale un mot plus absurde, plus révoltant, appliqué au rapprochement des princes du même sang que le nom de fusion. L'argent et le cuivre s'allient à l'or et réciproquement ; il y a alors fusion et alliage. Mais l'or ne se fusionne pas avec l'or, il se confond avec lui, parce qu'il lui est identique.

La fusion, telle que la rêvent les bourgeois de la rue Saint-Denis ou de la Chaussée-d'Antin, serait une abdication de part et d'autre. Ce serait la reconnaissance des deux principes hostiles, là où il ne peut y avoir qu'une erreur aggravée par le malheur des temps.

Que si l'on voulait s'engager sur cette voie perfide, on aboutirait forcément à une rupture. Cette rupture serait la fin de l'histoire de France. A la somme incalculable de nos malheurs, aux épreuves sanglantes du présent, aux appréhensions sinistres de l'avenir, il n'y a plus qu'un remède : un acte de réconciliation pur et simple.

Que des partisans imbéciles ou criminels essaient de compromettre le salut de la France en émettant des opinions dangeureuses, en provoquant des exigences attentatoires à la dignité royale ; qu'ils se montrent eux-mêmes, les chétifs, plus ambitieux, plus inexorables que leurs maîtres, rien n'est étonnant. Ce sont les amis du troisième degré. Quand la maison d'Orléans a pris, en 1848, le chemin de l'exil, ces hommes-là ont pris la route opposée. Il n'y a pas aujourd'hui un orléaniste loyal et fidèle qui puisse tenir un langage autre que le mien. Ce ne sont pas des hommes sensés et pratiques qui invoqueront un programme de je ne sais quelle politique d'aventure que le roi Louis-Philippe a désavouée lui-même au lit de mort.

Les raisons d'Etat sont impérieuses; il faut leur sacrifier, disent les faiseurs, les questions de famille. Comment peut-on demander à des princes qui se sont séparés violemment du chef de leur famille et des traditions héréditaires, de reconnaître les fautes de leur père, leurs propres fautes ? Et c'est, ajoutent-ils, lorsque le chef de la maison de Bourbon n'a point d'enfants; c'est lorsque, au titre royal comme au titre populaire, toutes les éventualités de l'avenir sont pour vous que vous reviendriez sur le passé? Ce sont encore eux qui ont soulevé la question de drapeau, comme si les fleurs de lis auraient à rougir d'être brodées sur l'étendard d'Auterlitz, d'Isly et de Magenta ; comme si la bannière qui flottait à Rocroy et à Fontenoy devait à son tour déparer les vainqueurs de Marengo et de Solferino.

Mais il n'y a pas que des orléanistes dans les camps extrêmes, il y a des néc-plus-ultra-légitimistes, de cette race qu'on aurait cru heureusement perdue, de ceux qui n'ont rien appris, rien oublié. La fusion, à leurs yeux, serait un sacrilége; ils se feront républicains plutôt que de reconnaître pour fils de France les descendants de Philippe-Egalité.

Cela, Monseigneur, ne peut vous blesser, mais vous faire sourire.

S'il nous faut revenir à la justice de Moïse et maudire les enfants pour les fautes de leurs pères jusqu'à la quatrième génération, que de maudits autour de nous! Mieux vaudrait briser la croix du pardon divin et se faire circoncire.

Abandonnons donc, une fois pour toutes, comme ressources oratoires, les outrages à la mémoire de ceux qui ont comparu devant le Juge, celui-là seul qui est la justice et la vérité. Il n'y a que deux juges à faire intervenir ici : le roi votre père et la France.

Les dernières paroles, les derniers conseils du roi Louis-Philippe furent des paroles de paix et de conciliation. Son suprême désir fut la promesse, de la part de ses fils, de reconnaître comme chef de leur maison M. le comte de Chambord.

— « Que le comte de Chambord soit le chef de la maison d'Orléans ! »

Dans l'automne de 1853, M. le duc de Nemours se rendit à Frohsdorf, et, en abordant son cousin, fit cette solennelle déclaration : qu'il venait, au nom de ses frères et en son nom, assurer à M. le comte de Chambord que lui et ses frères ne reconnaissaient qu'une seule monarchie représentée par un seul trône royal, celui de l'aîné de leur race. Depuis, des conditions ont été posées par les princes d'Orléans à cet acte solennel d'adhésion. Il ne s'agit pas ici de récriminer. La France agonise; il faut la sauver.

Ce salut, le salut de tous, votre salut à vous comme à moi, princes, vous le tenez entre vos mains. Ecoutez la voix de Dieu, la voix de votre pays, la voix de votre père. La voix de Dieu vous parle par les malheurs de la patrie expirante ; sur les débris du trône qu'il vient de briser, en un instant, il vous dit que l'orgueil est le crime de lèse-divinité ; que le flot qui domine amène la tempéte, et la montagne qui s'élève la glace et les frimas. Aveugles ceux qui ne verraient pas des signes de sang au firmament. L'occasion est une ; elle ne se retrouvera plus. Il ne s'agit pas de revenir, il faut rester. Si M. le comte de Chambord venait à mourir demain, il ne serait plus temps. Fils de France, vous ne pouvez conserver cette qualité auguste qu'en reconnaissant le roi de France. Vous pourrez régner un jour sans doute ; mais votre règne sera éphémère, et, née de la révolution, votre dynastie en restera le jouet et l'esclave. Vous demeurerez des prétendants en face d'autres prétendants. Il y aura encore des Bonapartes, et, victime d'une hydre politique sans cesse renaissant du sang, de l'émeute et des coups-d'état, la malheureuse France périra d'une main parricide.

Plusieurs font un calcul sacrilége sur la stérilité du tronc royal, comme si le Dieu qui tarit la sève ne pouvait pas la vivifier ; comme si on pouvait opposer la puissance du nombre à celui qui est l'Infini ; comme si quatre-vingts fils de rois n'avaient pas disparu, un jour, de la maison de Juda ; comme s'il était plus difficile à l'Etre su-

prême de continuer une lignée de rois que de
jeter la dynastie des Bonapartes par les fenêtres
du royaume de France ; comme si enfin la clef des
générations ne lui appartenait pas.

Les Capétiens étaient trois frères à la fin du
premier rameau ; pas un n'a régné. Les Valois
étaient aussi trois frères, et c'est un parent éloigné,
votre aïeul Henri IV, qui régna à leur place ;
Louis XIV et Louis XV ont vu, de leur vivant,
quatre générations de Dauphins : Louis XVI,
Louis XVIII, Charles X, n'ont pas vu leur fils sur
le trône. Vous-mêmes, princes, malgré le prestige
d'une nombreuse famille, vous avez connu le
pain de l'exil, sur le sol de l'Angleterre, où se trou-
vent Holy-Rood, Claremont et Chileshurt. N'écou-
tez pas vos flatteurs ; le salut de la France, l'avenir
de votre dynastie est dans un acte sublime de
charité politique, mettant le devoir au dessus de
toute considération humaine.

Ce jour-là est proche. Il y a dans l'air, depuis
deux mois, quelques uns de ces bruits vagues et
mystérieux qui précèdent les grandes crises so-
ciales. Le peuple français a soif de cette réconci-

liation ; il y aspire de tous ses vœux , de tous ses besoins. Non, non, nous ne pouvons en douter, la tempête touche à sa fin, la nef va rentrer au port avec toutes ses fleurs de lis , avec toutes ses voiles déployées.

Mais si la Providence avait résolu de nous châtier encore ; si la France devait encore courber le front devant le fait accompli ; si tout ce qu'il reste de fidèles devaient suivre l'exemple des ingrats, des parjures et se partager entre eux les lambeaux du suaire de notre vieille monarchie ; quand je verrais tous ces signes de désolation sociale sur les ruines de la monarchie de Clovis et de Henri IV, j'attendrais encore avec confiance la résurrection ; j'espèrerais le salut de cette France pour laquelle Louis XVI prie au royaume éternel.

J'ai payé la dette de mon cœur et de ma conscience. « Fais que dois , advienne que pourra. »

VI

M. THIERS. — CONCLUSION

La mise en pratique de la théorie politique que je viens d'exposer appartient à nos hommes d'Etat; à leur tête se trouve M. Thiers. Devenu, par des services sans précédents, le *protecteur* de la France, comme Cromwell fut celui de l'Angleterre par ses crimes, il tient les destinées du pays entre ses mains : elles sont bien placées.

De tous les ministres qui ont gouverné l'Europe depuis plus d'un siècle, M. Thiers est le seul qui ait tenu un compte exact du passé, le seul qui ait

pris des leçons à la Providence et qui ait mérité, par
la confession politique de ses erreurs, que l'esprit
de Dieu et de la France parle par sa bouche.

En prenant la défense, à la tribune française,
du pape, il a dit : « qu'il y avait quelque chose de
plus respectable que la gloire, le génie, la vertu :
c'est le droit ! »

Le pape, le droit, et les libertés nationales : voilà
son programme.

J'écrivais, il y a quelques mois, que quelque
chose me disait à moi que la défense de la papauté
porterait bonheur à M. Thiers. » Me suis-je trompé?

Arbitre des destinées de la France, il est l'arbitre
de l'Europe, si l'Europe, comme lui, daigne faire un
retour sur elle-même. L'Europe court la politique
des aventures ; M. Thiers est à même de la rensei-
gner sur le sort qui attend les aventures et les
aventuriers.

Que sont devenues l'Angleterre de Palmerston?
l'Autriche de Metternich, la France de Talleyrand?

Dans quelques mois, nous demanderons où sont l'Italie de Cavour et l'Espagne de Prim.

M. de Bismark a plus de génie que Metternich, que Palmerston, que Cavour ; mais son œuvre grandiose est une aventure, aventure à la Charles-Quint et à la Napoléon, si vous voulez, mais qui aboutira tôt ou tard au monastère de Saint-Just et à Sainte-Hélène.

M. Thiers seul est conservateur en Europe. Que M. de Bismark prenne auprès de lui des conseils de conservation. Il en coûtera à l'orgueil du ministre-conquérant; mais, s'il n'est pas aveuglé par une fortune qui tient du miracle, il comprendra combien, aux yeux de Dieu et de l'histoire, il paraîtra moins grand que ce vieillard qui, après avoir deviné ses convoitises, indiqué les moyens de les faire avorter, prédit tous les malheurs des deux mondes, vient lui parler le langage de la civilisation et de la justice.

M. de Bismark et notre génération verront s'accomplir peut-être le plan prussien, cette unité allemande qui, selon les prévisions du sens com-

mun, va s'étendre de la mer du Nord à l'Adria-
tique ; mais après ?

Un grand philosophe, un illustre écrivain a été
prophète, lorsque, il y a onze ans, il écrivait cette
page saisissante :

— « La génération qui nous chasse verra le
continent coupé en trois ou quatre grandes sections,
qu'on appellera d'un nom quelconque, peut-être du
nom d'empire, qui semble plaire aux nations
fatiguées : ce sera la Germanie, avec sa vaste unité ;
ce sera la Russie, avec sa gigantesque envergure ;
ce sera l'Angleterre, avec son immense couronne
d'îles et de royaumes ; et, après que ce travail de
transfiguration sera achevé, Dieu sait quelle en
sera la conséquence pour la paix et le bien des
peuples !

« Ici la conjecture s'étend à des perspectives
dont quelques unes pourraient donner le frisson ;
car cet état de l'Europe, tel qui sort des intincts
de la démocratie, mettant en contact immédiat de
tels colosses d'empires, sans aucune force arbitrale
qui les modère, il est aisé de voir que ce rappro-

chement devra faire des chocs inévitables ; et alors quelles luttes ! quels ébranlements ! quelles catastrophes ! Jamais rien de semblable n'aura été vu depuis les dislocations des vieux empires d'Orient, ni depuis la chute de l'empire romain, succombant sous les inondations de la barbarie (1).

Or donc, quand M. Thiers, au congrès de Bruxelles, dévoilera le plan général de M. de Bismarck, plan que j'ai déjà exposé en mai et en décembre 1870, à savoir : le partage du monde en quatre régions : l'une s'étendant d'Arkangel à Varna, avec ou sans Constantinople ; la deuxième de Kiel à Trieste, avec ou sans la Hollande ; la troisième, de la Silésie aux frontières Illyriennes, avec ou sans la Grèce ; la quatrième, du détroit de Behring à Panama, avec ou sans le Pérou et le Brésil ; il y aura un long frémissement de terreur dans l'auditoire.

Car ce plan d'un empereur d'Allemagne, ivre de conquêtes et d'usurpations, c'est le plan social de Mazzini ; c'est le plan républicain de Monroë.

(1) Laurentie, *Les rois et le Pape.*

N'avez-vous pas entendu les sectaires applaudir en chœur à Sadowa ; et hier, le président Grant ne félicitait-il pas l'empereur d'Allemagne dans des termes significatifs. Mazzini et Grant savent bien que les unités monarchiques s'entre-choqueront un jour, et que de leurs fractions se constituera un seul état qui sera la république universelle du socialisme.

Tel est l'état de l'Europe : son *concert* est parfaitement troublé ; mais si les nations les plus puissantes sont menacées, dans quelle détresse ne sommes-nous pas, nous les déshérités de l'héritage des siècles, nous qui n'avons plus ni nos rois, ni nos alliés, ni nos frontières !

Si je passe à l'examen de ce qui se passe à l'intérieur de la France, je sens encore davantage la nécessité de la direction puissante et mesurée à la fois de M. Thiers.

Des partis divisés et des factions en présence ; les finances des pays gaspillées au moment où ils faut payer cinq milliards à la Prusse et éteindre cinq autres milliards de dettes ; une armée dispersée, en partie prisonnière, en partie débandée ; l'anarchie armée jusqu'aux dents ; une presse en délire d'injures, de récriminations et de provocations : tel est le bilan de la situation.

Vingt-six départements, en choissant **M. Thiers** pour leur représentant, ont exprimé une nécessité impérieuse, tout aussi bien qu'un vœu.

M. Thiers, seul, peut réparer nos désastres à l'intérieur, et à l'extérieur nous préparer pour plus tard une restauration de prépondérance.

Il a senti la responsabilité qui lui incombe ; et sans hésiter, sans tergiverser, il a saisi son mandat dans les deux mains, en déclarant hautement qu'il ne s'en dessaisirait pas, qu'il était mandataire de la France et qu'il ne reconnaissait aucun parti.

Plusieurs, parmi les légitimistes et les orléanistes, l'ont écouté avec défiance, parce que leur vue est courte et leur esprit étroit. Ils n'ont pas compris que la déclaration du chef du pouvoir exécutif voulait dire :

Que, pour tracer une route royale, il fallait au moins écarter un peu les décombres qui jonchent la terre;

Que toute dynastie qui s'introniserait avant que la France ne soit reconstituée administrativement et militairement, ne durerait pas huit jours ;

Qu'il ne fallait pas imposer à la royauté le fardeau écrasant d'une responsabilité qui ne lui appartient pas ; qu'il fallait en finir avec les calomnies de la révolution et prendre l'Europe et l'histoire à témoins que la royauté acclamée par la France entière près d'un an après la signature de la paix, était étrangère à nos revers comme à nos humiliations.

Ce programme , chef-d'œuvre de M. Thiers, s'exécutera littéralement, si nous tous nous venons en aide à l'illustre homme d'Etat ; si nous ne provoquons aucune réaction, aucun acte de vengeance; si nous mettons de notre côté Dieu et le temps, ces deux grands auxiliaires ; si nous ne précipitons rien ; si, surtout, nous sommes bien convaincus qu'une restauration immédiate est chose impossible.

Lorsque la crise touchera à sa fin, lorsque la France se sera reconstituée par l'ordre, l'économie, une administration équitable et de véritables libertés; lorsque l'agriculture, le commerce et l'industrie recommenceront à fleurir; lorsque nos soldats seront tous rentrés au foyer ou dans leurs régiments; lorsque nos conseils généraux et nos conseils municipaux auront été purifiés et que notre diplomatie nous aura un peu réconciliés avec l'Europe, alors, seulement alors, M. Thiers couronnera l'édifice !..

Pour cela, il provoquera la réconciliation publique de tous les princes de la maison de Bourbon; l'exigera au besoin, au nom de la patrie, et la réconciliation des légitimistes et des orléanistes ainsi accomplie, il enverra le peuple à ses comices pour élire une *Constituante;* la France sait, dès aujourd'hui, quel est le mandat qu'elle donnera alors ses députés. En attendant, qu'elle entoure M. Thiers de ses respects pour lui donner la force de continuer sa mission. Soyons patients; la tempête dure encore et ses vagues frémissantes portent le trouble dans les esprits, la confusion en toutes choses. Ces orages passeront au dessus du grand arbre royal, et l'arbre, profondément enraciné dans notre sol, survivra, projetant sur la patrie cette grande ombre sous laquelle reposeront les peuples fatigués. Dieu a marqué de son sceau, Monseigneur, une longue race de rois. Laissons l'intrigue et l'anarchie s'agiter ; il y a une pensée divine qui conduit la France et une main plus puissante que l'épée des conquérants : elle protége la monarchie nationale.

En attendant, que la France, prosternée au pied des autels, demande au Dieu de Clovis et de Jeanne d'Arc de lui pardonner ses crimes et ses erreurs. Réconcilions-nous avec le ciel : lui seul, brisés que nous sommes dans notre vanité, dans notre jactance, peut nous relever aux yeux des nations, nous relever à nos propres yeux. Car, pendant que les impies, les comédiens et les imbéciles parlent déjà de revanches et de victoires, ceux qui croient en Dieu et en la France confessent avec douleur que nous sommes justement châtiés pour un immense orgueil, une immense apostasie et une immense révolte.

Souvenons-nous donc de nos aïeux !

— « Disons-leur (et sans partialité aujourd'hui que cela est si loin de nous) que, sous cette légèreté, parmi ses folies et ses vices même, la vieille France ne fut pas nommée sans cause : LE PEUPLE TRÈS CHRÉTIEN. C'était certainement le peuple de l'amour et de la grâce. Qu'on l'entende humainement ou chrétiennement aux deux sens, cela sera toujours vrai. Le Français, même vicieux, gardait, plus qu'un autre, le bon sens et le cœur. Puisse la nouvelle France ne pas oublier le mot de l'ancienne (1). »

Ce mot de l'ancienne France, c'est la foi. Les peuples qui persistent dans la voie sacrée des ancêtres sont les vrais élus. Ils se seront heurtés dans le sentier difficile de l'histoire ; ils auront eu leurs enfances, leurs faiblesses, leurs chutes, leurs révolutions ; mais ils survivront à leurs malheurs, et malgré les injustices des nations voisines et les sévérités de la Providence, ils resteront les enfants **de Dieu.**

(1) Michelet.